C000149238

Impressum
Verlag: BABADADA GmbH, Nedderfeld 112 , 22529 Hamburg
Geschäftsführer / Verlagsleitung: Harald Hof
Druck: Books on Demand GmbH, In de Tarpen 42, 22848 Norderstedt

Imprint
Publisher: BABADADA GmbH, Nedderfeld 112 , 22529 Hamburg, Germany
Managing Director / Publishing direction: Harald Hof
Print: Books on Demand GmbH, In de Tarpen 42, 22848 Norderstedt, Germany

École

de school

Salle de classe
het klaslokaal

Diviser
delen

186/2

Tableau noir
het bord

Professeur
de leraar

Cour
het schoolplein

Papier
het papier

Écrire
schrijven

Stylo
de pen

Bureau
het bureau

Règle
de lineaal

Livre
het boek

Élève
de leerling

Cartable

de schooltas

Trousse

de etui

Crayon

het potlood

Taille-crayon

de puntenslijper

Gomme

de gum

Dictionnaire d'image

het beeldwoordenboek

Carnet à dessin

het schetsblok

Dessin

de tekening

Pinceau

de kwast

Boîte de peinture

de verfdoos

Ciseaux

de schaar

Colle

de lijm

Cahier d'exercices

het schrift

Devoirs

het huiswerk

Chiffre

het getal

Additionner

optellen

Soustraire

aftrekken

Multiplier

vermenigvuldigen

Calculer

rekenen

Caractère

de letter

Alphabet

het alfabet

Mot

het woord

Texte

de tekst

Lire

lezen

Craie

het krijt

Leçon

het uur

Livre de classe

het klassenboek

Examen

het examen

Certificat

het diploma

Uniforme scolaire

het schooluniform

Formation

de opleiding

Lexique

de encyclopedie

Université

de universiteit

Microscope

de microscoop

Carte

de kaart

Corbeille à papier

de prullenmand

Hôtel
het hotel

Auberge
het hostel

Bureau de change
het wisselkantoor

Valise
de koffer

Voiture
de auto

Langue

de taal

Oui / non

ja / nee

D'accord

oké

Salut

Hallo!

Interprète

de tolk

Merci

Bedankt.

Combien coûte...?

Wat kost ...?

Je ne comprends pas

Ik begrijp het niet.

Problème

het probleem

Bonsoir !

Goedenavond!

Bonjour !

Goedemorgen!

Bonne nuit !

Goedenacht!

Au revoir

Tot ziens!

Direction

de richting

Bagages

de bagage

Sac

de tas

Sac-à-dos

de rugzak

Hôte

de gast

Pièce

de kamer

Sac de couchage

de slaapzak

Tente

de tent

Office de tourisme

het VVV-kantoor

Plage

het strand

Carte de crédit

de creditkaart

Petit-déjeuner

het ontbijt

Déjeuner

de lunch

Diner

het diner

Billet

het kaartje

Ascenseur

de lift

Timbre

de postzegel

Limite

de grens

Autorités de douane

de douane

Ambassade

de ambassade

Visa

het visum

Passeport

het paspoort

Transport

het transport

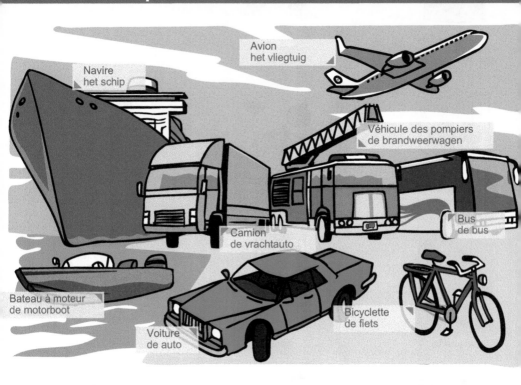

Avion
het vliegtuig

Navire
het schip

Véhicule des pompiers
de brandweerwagen

Bus
de bus

Camion
de vrachtauto

Bateau à moteur
de motorboot

Bicyclette
de fiets

Voiture
de auto

Ferry

de veerboot

Barque

de boot

Moto

de motorfiets

Voiture de police

de politiewagen

Voiture de course

de raceauto

Voiture de location

de huurauto

Car sharing

de carsharing

Voiture de remorquage

de takelwagen

Benne à ordures

de vuilniswagen

Moteur

de motor

Essence

de benzine

Station d'essence

de benzinepomp

Panneau indicateur

het verkeersbord

Trafic

het verkeer

Embouteillage

de file

Parking

de parkeerplaats

Gare

het station

Rails

de rails

Train

de trein

Tramway

de tram

Wagon

de wagon

Hélicoptère

de helikopter

Aéroport

de luchthaven

Tour

de toren

Passager

de passagier

Conteneur

de container

Carton

de verhuisdoos

Chariot

de kar

Corbeille

de mand

Décoller/atterrir

starten / landen

Ville

de stad

Village

het dorp

Centre-ville

het stadscentrum

Maison

het huis

Cinéma
de bioscoop

Publicité
de reclame

Réverbère
de straatlantaarn

CINEMA

Rue
de straat

Taxi
de taxi

Piéton
de voetganger

Kiosque
de kiosk

Trottoir
het trottoir

Feux de circula
het stoplicht

Carrefour
het kruispunt

Zébrures
het zebrapad

Poubelle
de vuilnisbak

Cabane
....
de hut

Appartement
....
het appartement

Gare
....
het station

Mairie
....
het stadhuis

Musée
....
het museum

École
....
de school

Université

de universiteit

Banque

de bank

Hôpital

het ziekenhuis

Hôtel

het hotel

Pharmacie

de apotheek

Bureau

het kantoor

Librairie

de boekenwinkel

Magasin

de winkel

Fleuriste

de bloemenwinkel

Supermarché

de supermarkt

Marché

de markt

Grand magasin

het warenhuis

Poissonnerie

de visboer

Centre commercial

het winkelcentrum

Port

de haven

Parc

het park

Banque

de bank

Pont

de brug

Escaliers

de trap

Métro

de metro

Tunnel

de tunnel

Arrêt de bus

de bushalte

Bar

de bar

Restaurant

het restaurant

Boîte à lettres

de brievenbus

Panneau indicateur

het straatnaambord

Parcmètre

de parkeermeter

Zoo

de dierentuin

Piscine

het zwembad

Mosquée

de moskee

Ferme

de boerderij

Pollution

de vervuiling

Cimetière

de begraafplaats

Église

de kerk

Aire de jeux

de speelplaats

Temple

de tempel

Paysage
het landschap

Feuille
het blad

Poteau indicateur
de wegwijzer

Chemin
de weg

Pré
de weide

Pierre
de steen

Randonneur
de wandelaar

Arbre
de boom

Rivière
de rivier

Herbe
het gras

Fleur
de bloem

Vallée
de vallei

Montagne
de berg

Lac
het meer

Forêt
het bos

Désert
de woestijn

Volcan
de vulkaan

Château
het kasteel

Arc-en-ciel
de regenboog

Champignon
de paddenstoel

Palmier
de palmboom

Moustique
de mug

Mouche
de vlieg

Fourmis
de mier

Abeille
de bij

Araignée
de spin

Coléoptère
....
de kever

Grenouille
....
de kikker

Écureuil
....
de eekhoorn

Hérisson
....
de egel

Lapin
....
de haas

Chouette
....
de uil

L'oiseau
....
de vogel

Cygne
....
de zwaan

Sanglier
....
het wild zwijn

Cerf
....
het hert

Élan
....
de eland

Digue
....
de dam

Éolienne
....
de windmolen

Module solaire
....
het zonnepaneel

Climat
....
het klimaat

Serveur
de ober

Menu
het menu

Chaise
de stoel

Soupe
de soep

Pizza
de pizza

Couverts
het bestek

Nappe
het tafelkleed

Hors d'œuvre

het voorgerecht

Plat principal

het hoofdgerecht

Dessert

het toetje

Boissons

de dranken

Alimentation

het eten

Bouteille

de fles

Fast-food

de/het fastfood

Plats à emporter

het eetkraampje

Théière

de theepot

Sucrier

de suikerpot

Portion

de portie

Machine à expresso

de espressomachine

Chaise haute

de kinderstoel

Facture

de rekening

Plateau

het dienblad

Couteau

het mes

Fourchette

de vork

Cuillère

de lepel

Cuillère à thé

de theelepel

Serviette

het servet

Verre

het glas

Assiette

het bord

Assiette de soupe

het soepbord

Soucoupe

de schotel

Sauce

de saus

Salière

het zoutvaatje

Moulin à poivre

de pepermolen

Vinaigre

de azijn

Huile

de olie

Épices

de kruiden

Ketchup

de ketchup

Moutarde

de mosterd

Mayonnaise

de mayonaise

Supermarché
de supermarkt

Offre promotionnelle
de aanbieding

Client
de klant

Produits laitiers
de zuivelproducten

Fruits
het fruit

Chariot
de winkelwagen

Boucherie

de slager

Boulangerie

de bakkerij

Peser

wegen

Légumes

de groente

Viande

het vlees

Aliments surgelés

de diepvriesproducten

Charcuterie

de vleeswaren

Conserves

het blikvoedsel

Poudre à lessive

het wasmiddel

Sucreries

het snoepgoed

Articles ménagers

de huishoudelijke artikelen

Détergents

het schoonmaakmiddel

Vendeuse

de verkoopster

Caisse

de kassa

Caissier

de kassier

Liste d'achats

het boodschappenlijstje

Heures d'ouverture :

de openingstijden

Portefeuille

de portemonnee

Carte de crédit

de creditkaart

Sac

de tas

Sac en plastique

de plastic zak

Eau

het water

Jus

het sap

Lait

de melk

Coca

de cola

Vin

de wijn

Bière

het bier

Alcool

de alcohol

Cacao

de chocolademelk

Thé

de thee

Café

de koffie

Expresso

de espresso

Cappuccino

de cappuccino

Banane

de banaan

Pomme

de appel

Orange

de sinaasappel

Melon

de meloen

Citron

de citroen

Carotte

de wortel

Ail

de knoflook

Bambou

de bamboe

Ognon

de ui

Champignon

de paddenstoel

Noisettes

de noten

Pâtes

de pasta

Spaghetti

de spaghetti

Riz

de rijst

Salade

de salade

Pommes frites

de friet

Pommes de terre rôties

de gebakken aardappelen

Pizza

de pizza

Hamburger

de hamburger

Sandwich

de sandwich

Escalope

de schnitzel

Jambon

de ham

Salami

de salami

Saucisse

de worst

Poulet

de kip

Rôti

braden

Poisson

de vis

Flocons d'avoine

de havermout

Muesli

de muesli

Cornflakes

de cornflakes

Farine

het meel

Croissant

de croissant

Petits-pains

de broodjes

Pain

het brood

Pain grillé

de toast

Biscuits

de koekjes

Beurre

de boter

Séré

de kwark

Gâteau

de taart

Œuf

het ei

Œuf au plat

het gebakken ei

Fromage

de kaas

Crème glacée
·············
het ijs

Sucre
·············
de suiker

Miel
·············
de honing

Confiture
·············
de jam

Crème nougat
·············
de chocoladepasta

Curry
·············
de kerrie

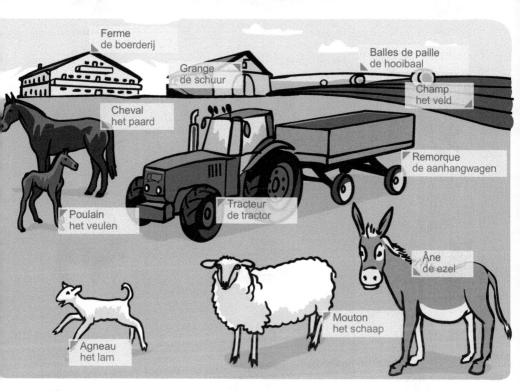

Ferme
de boerderij

Grange
de schuur

Balles de paille
de hooibaal

Champ
het veld

Cheval
het paard

Remorque
de aanhangwagen

Poulain
het veulen

Tracteur
de tractor

Âne
de ezel

Mouton
het schaap

Agneau
het lam

Chèvre

de geit

Vache

de koe

Veau

het kalf

Porc

het varken

Porcin

de big

Taureau

de stier

Oie

de gans

Canard

de eend

Poussin

het kuiken

Poule

de kip

Coque

de haan

Rat

de rat

Chat

de kat

Souris

de muis

Bœuf

de os

Chien

de hond

Chenil

het hondenhok

Tuyau de jardin

de tuinslang

Arrosoir

de gieter

Faucheuse

de zeis

Charrue

de ploeg

Faucille

de sikkel

Pioche

de schoffel

Fourche

de hooivork

Hache

de bijl

Brouette

de kruiwagen

Cuve

de trog

Pot à lait

de melkbus

Sac

de zak

Clôture

het hek

Étable

de stal

Serre

de broeikas

Sol

de grond

Semences

het zaad

Engrais

de mest

Moissonneuse-batteuse

de maaidorser

Récolter

oogsten

Récolte

de oogst

Igname

de yam

Blé

de tarwe

Soja

de soja

Pomme de terre

de aardappel

Maïs

de maïs

Colza

het koolzaad

Arbre fruitier

de fruitboom

Manioc

de maniok

Céréales

de granen

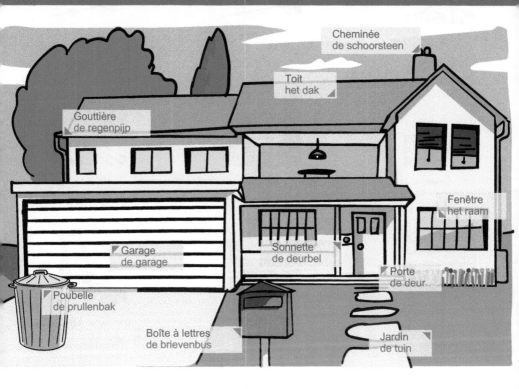

Salon

de woonkamer

Salle de bain

de badkamer

Cuisine

de keuken

Chambre à coucher

de slaapkamer

Chambre d'enfants

de kinderkamer

Salle à manger

de eetkamer

Sol

de grond

Mur

de muur

Plafond

het plafond

Cave

de kelder

Sauna

de sauna

Balcon

het balkon

Terrasse

het terras

Piscine publique

het zwembad

Tondeuse à gazon

de grasmaaier

Housse

het laken

Couette

de bedsprei

Lit

het bed

Balai

de bezem

Sceau

de emmer

Interrupteur

de schakelaar

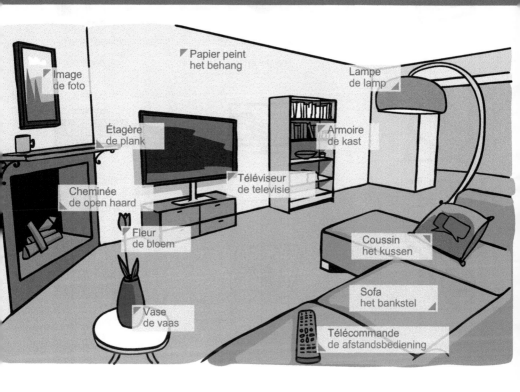

Papier peint
het behang

Image
de foto

Lampe
de lamp

Étagère
de plank

Armoire
de kast

Cheminée
de open haard

Téléviseur
de televisie

Fleur
de bloem

Coussin
het kussen

Sofa
het bankstel

Vase
de vaas

Télécommande
de afstandsbediening

Tapis

het tapijt

Rideau

het gordijn

Table

de tafel

Chaise

de stoel

Chaise à bascule

de schommelstoel

Fauteuil

de stoel

Livre

het boek

Couverture

de deken

Décoration

de decoratie

Bois de chauffage

het brandhout

Film

de film

Chaîne hi-fi

de stereo-installatie

Clé

de sleutel

Journal

de krant

Peinture

het schilderij

Poster

de poster

Radio

de radio

Bloc-notes

het kladblok

Aspirateur

de stofzuiger

Cactus

de cactus

Bougie

de kaars

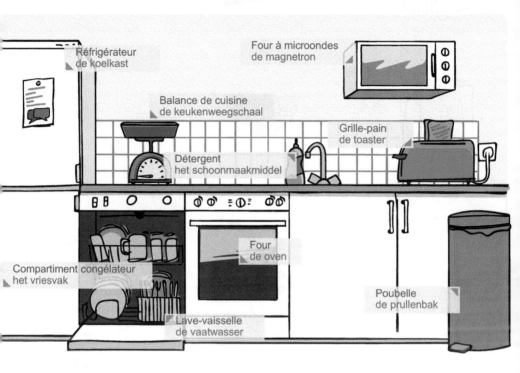

Réfrigérateur
de koelkast

Four à microondes
de magnetron

Balance de cuisine
de keukenweegschaal

Grille-pain
de toaster

Détergent
het schoonmaakmiddel

Compartiment congélateur
het vriesvak

Four
de oven

Poubelle
de prullenbak

Lave-vaisselle
de vaatwasser

Four
....
het fornuis

Pot
....
de pan

Marmite
....
de gietijzeren pan

Wok/kadai
....
de wok / kadai

Casserole
....
de koekenpan

Bouilloire
....
de ketel

Cuiseur vapeur

de stoomkoker

Plaque de cuisson

de bakplaat

Vaisselle

het servies

Gobelet

de beker

Coupe

de kom

Baguettes

de eetstokjes

Louche

de soeplepel

Spatule

de spatel

Fouet

de garde

Passoire

het vergiet

Tamis

de zeef

Râpe

de rasp

Meurtrier

de mortel

Barbecue

de barbecue

Âtre

de vuurhaard

Planche à découper

de snijplank

Rouleau à pâtisserie

de deegroller

Tire-bouchons

de kurkentrekker

Boîte

het blik

Ouvre-boîte

de blikopener

Maniques

de pannenlap

Lavabo

de wasbak

Brosse

de borstel

Éponge

de spons

Mélangeur

de blender

Congélateur

de vriezer

Biberon

het babyflesje

Robinet

de kraan

Salle de bain
de badkamer

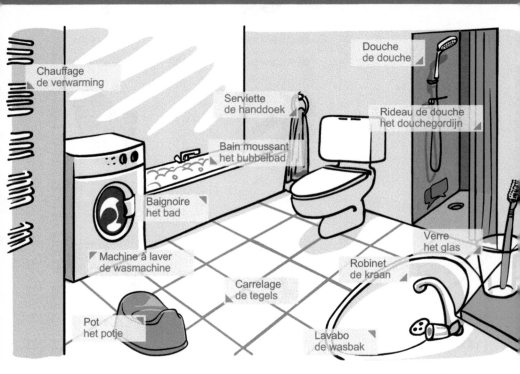

Chauffage
de verwarming

Douche
de douche

Serviette
de handdoek

Rideau de douche
het douchegordijn

Bain moussant
het bubbelbad

Baignoire
het bad

Machine à laver
de wasmachine

Verre
het glas

Carrelage
de tegels

Robinet
de kraan

Pot
het potje

Lavabo
de wasbak

Toilettes

het toilet

Toilette à la turque

het hurktoilet

Bidet

de/het bidet

Pissoir

het urinoir

Papier hygiénique

het toiletpapier

Brosse pour WC

de toiletborstel

Brosse à dents

de tandenborstel

Dentifrice

de tandpasta

Fil dentaire

het flosdraad

Laver

wassen

Douche manuelle

de handdouche

Douche intime

de toiletdouche

Vasque

de waskom

Brosse dorsale

de rugborstel

Savon

de zeep

Gel de douche

de douchegel

Shampoing

de shampoo

Gant de toilette

het waslapje

Écoulement

de afvoer

Crème

de creme

Déodorant

de deodorant

Miroir

de spiegel

Miroir cosmétique

de make-upspiegel

Rasoir

het scheermes

Mousse à raser

het scheerschuim

Après-rasage

de aftershave

Peigne

de kam

Brosse

de borstel

Sèche-cheveux

de haardroger

Spray capillaire

de haarspray

Fond de teint

de make-up

Rouge à lèvres

de lippenstift

Vernis à ongles

de nagellak

Ouate

de watten

Coupe-ongles

het nagelschaartje

Parfum

de/het parfum

Trousse de toilette
....
de toilettas

Tabouret
....
de kruk

Balance
....
de weegschaal

Peignoir
....
de badjas

Gants de nettoyage
....
de
schoonmaakhandschoenen

Tampon
....
de tampon

Serviettes hygiéniques
....
het maandverband

Toilette chimique
....
het chemisch toilet

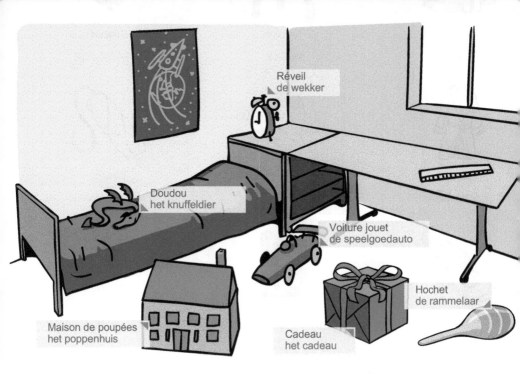

Réveil
de wekker

Doudou
het knuffeldier

Voiture jouet
de speelgoedauto

Hochet
de rammelaar

Maison de poupées
het poppenhuis

Cadeau
het cadeau

Ballon

de ballon

Lit

het bed

Poussette

de kinderwagen

Jeu de cartes

het kaartspel

Puzzle

de puzzel

Bande dessinée

het stripverhaal

Pièces lego
de legostenen

Pierres de construction
de speelgoedblokken

Figurine articulée
het actiefiguurtje

Grenouillère
de romper

Frisbee
de frisbee

Mobile
de/het mobile

Jeu de société
het bordspel

Dé
de dobbelsteen

Train miniature
de modeltrein

Sucette
de speen

Fête
het feestje

Livre illustré
het prentenboek

Balle
de bal

Poupée
de pop

Jouer
spelen

Bac à sable

de zandbak

Balançoire

de schommel

Jouets

het speelgoed

Console de jeu

de spelcomputer

Tricycle

de driewieler

Ours en peluche

de teddybeer

Armoire

de kleerkast

Vêtements
de kleding

Chaussettes

de sokken

Bas

de kousen

Collant

de panty

Écharpe
de sjaal

Parapluie
de paraplu

T-shirt
het T-shirt

Ceinture
de riem

Bottes
de laarzen

Pantoufles
de pantoffels

Baskets
de sportschoenen

Sandales
....
de sandalen

Chaussures
....
de schoenen

Bottes de caoutchouc
....
de rubberlaarzen

Caleçon
....
de onderbroek

Soutien-gorge
....
de beha

Maillot de corps
....
het onderhemd

Léotard

de body

Pantalons

de broek

Denim

de spijkerbroek

Jupe

de rok

Blouse

de blouse

Chemise

het overhemd

Pull

de trui

Sweat

de hoody

Blazer

de blazer

Veste

de jas

Manteau

de mantel

Manteau de pluie

de regenjas

Costume

het kostuum

Robe

de jurk

Robe de mariée

de trouwjurk

Costume messieurs	Chemise de nuit	Pyjama
het pak	het nachthemd	de pyjama
Sari	Foulard	Turban
de sari	de hoofddoek	de tulband
Burqa	Caftan	Abaya
de boerka	de kaftan	de abaja
Maillot de bain	Maillot de bain	Short
het zwempak	de zwembroek	de korte broek
Tenue d'entraînement	Tablier	Gants
het trainingspak	de/het schort	de handschoenen

Bouton

de knoop

Lunettes

de bril

Bracelet

de armband

Collier

de ketting

Bague

de ring

Boucle d'oreille

de oorbel

Bonnet

de pet

Cintre

de kledinghanger

Chapeau

de hoed

Cravate

de stropdas

Fermeture éclair

de rits

Casque

de helm

Bretelles

de bretels

Uniforme scolaire

het schooluniform

Uniforme

het uniform

Bavoir

het slabbetje

Sucette

de speen

Lange

de luier

Bureau
het kantoor

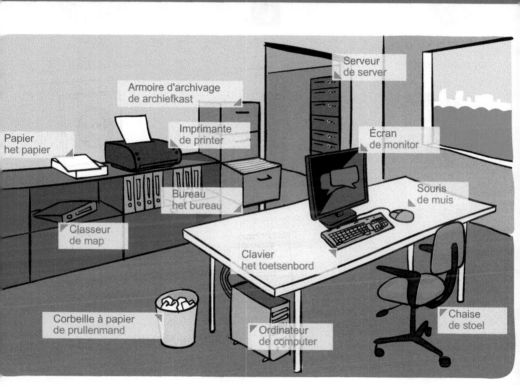

Serveur
de server

Armoire d'archivage
de archiefkast

Imprimante
de printer

Écran
de monitor

Papier
het papier

Bureau
het bureau

Souris
de muis

Classeur
de map

Clavier
het toetsenbord

Corbeille à papier
de prullenmand

Ordinateur
de computer

Chaise
de stoel

Gobelet à café

de koffiemok

Calculatrice

de rekenmachine

Internet

het internet

Ordinateur portable

de laptop

Lettre

de brief

Message

het bericht

Portable

de mobiele telefoon

Réseau

het netwerk

Copieur

de kopieermachine

Logiciel

de software

Téléphone

de telefoon

Prise

het stopcontact

Machine à fax

de fax

Formulaire

het formulier

Document

het document

Acheter

kopen

Payer

betalen

Faire du commerce

handelen

Monnaie

het geld

Dollar

de dollar

Euro

de euro

Yen

de yen

Rouble

de roebel

Franc

de frank

Renminbi yuan

de renminbi yuan

Roupie

de roepie

Distributeur automatique

de geldautomaat

Bureau de change

het wisselkantoor

Or

het goud

Argent

het zilver

Pétrole

de olie

Énergie

de energie

Prix

de prijs

Contrat

het contract

Taxe

de belasting

Action

het aandeel

Travailler

werken

Employé

de werknemer

Employeur

de werkgever

Usine

de fabriek

Magasin

de winkel

Agent de police
de politieagent

Pompier
de brandweerman

Cuisinier
de kok

Médecin
de dokter

Pilote
de piloot

Jardinier

de tuinman

Menuisier

de timmerman

Couturière

de naaister

Juge

de rechter

Chimiste

de scheikundige

Acteur

de toneelspeler

Conducteur de bus

de buschauffeur

Chauffeur de taxi

de taxichauffeur

Pêcheur

de visser

Femme de ménage

de schoonmaakster

Couvreur

de dakdekker

Serveur

de ober

Chasseur

de jager

Peintre

de schilder

Boulanger

de bakker

Électricien

de elektricien

Ouvrier

de bouwvakker

Ingénieur

de ingenieur

Boucher

de slager

Plombier

de loodgieter

Facteur

de postbode

Professions - de beroepen

Soldat

de soldaat

Architecte

de architect

Caissier

de kassier

Fleuriste

de bloemist

Coiffeur

de kapper

Contrôleur

de conducteur

Mécanicien

de monteur

Capitaine

de kapitein

Dentiste

de tandarts

Scientifique

de wetenschapper

Rabbin

de rabbi

Imam

de imam

Moine

de monnik

Prêtre

de pastoor

het gereedschap

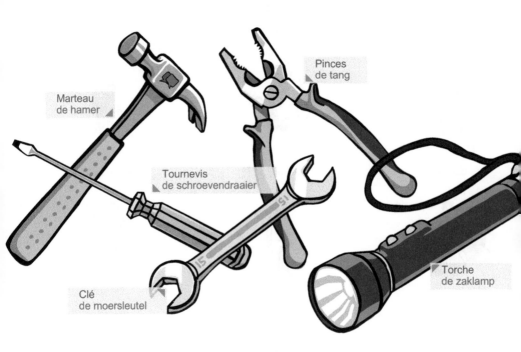

Marteau
de hamer

Pinces
de tang

Tournevis
de schroevendraaier

Clé
de moersleutel

Torche
de zaklamp

Excavateur

de graafmachine

Boîte à outils

de gereedschapskist

Échelle

de ladder

Scie

de zaag

Clous

de spijkers

Perceuse

de boor

Réparer

repareren

Pelle

de schep

Mince !

Verdorie!

Pelle

het stofblik

Pot de peinture

de verfpot

Vis.

de schroeven

Instruments de musique
de muziekinstrumenten

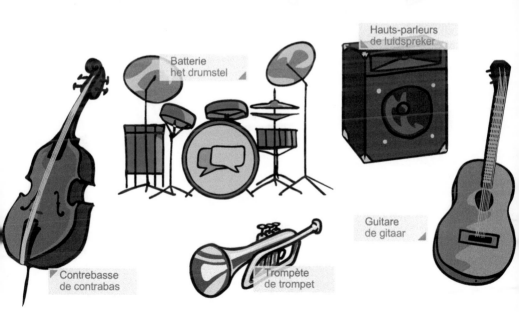

Batterie
het drumstel

Hauts-parleurs
de luidspreker

Guitare
de gitaar

Contrebasse
de contrabas

Trompète
de trompet

Piano

de piano

Violine

de viool

Guitare basse

de bas

Timbales

de pauk

Tambour

de trommel

Piano électrique

het keyboard

Saxophone

de saxofoon

Flûte

de fluit

Microphone

de microfoon

Tigre
de tijger

Entrée
de ingang

Cage
de kooi

Zèbre
de zebra

Alimentation animale
het dierenvoer

Panda
de panda

Animaux

de dieren

Éléphant

de olifant

Kangourou

de kangoeroe

Rhinocéros

de neushoorn

Gorille

de gorilla

L'ours

de beer

Chameau

de kameel

Autruche

de struisvogel

Lion

de leeuw

Singe

de aap

Flamand rose

de flamingo

Perroquet

de papegaai

Ours polaire

de ijsbeer

Pingouin

de pinguïn

Requin

de haai

Paon

de pauw

Serpent

de slang

Crocodile

de krokodil

Gardien de zoo

de dierenverzorger

Phoque

de zeehond

Jaguar

de jaguar

Poney

de pony

Léopard

de/het luipaard

Hippopotame

het nijlpaard

Girafe

de giraffe

Aigle

de adelaar

Sanglier

het wild zwijn

Poisson

de vis

Tortue

de schildpad

Morse

de walrus

Renard

de vos

Gazelle

de gazelle

American Football
American football

Cyclisme
wielrennen

Tennis
tennis

Basket-ball
basketbal

Natation
zwemmen

Hockey sur glace
ijshockey

Boxe
boksen

Football

voetbal

Badminton

badminton

Athlétisme

atletiek

Handball

handbal

Ski

skiën

Polo

polo

Rire
lachen

Sauter
springen

Embrasser
knuffelen

Chanter
zingen

Marcher
lopen

Rêver
dromen

Prier
bidden

Faire la bise
kussen

Écrire

schrijven

Dessiner

tekenen

Montrer

tonen

Pousser

indrukken

Donner

geven

Prendre

oppakken

Avoir

hebben

Faire

doen

Être.

zijn

Être debout

staan

Courir

lopen

Trier

trekken

Jeter

gooien

Tomber

vallen

Être couché

liggen

Attendre

wachten

Porter

dragen

Être assis

zitten

S'habiller

aankleden

Dormir

slapen

Se réveiller

wakker worden

Regarder

bekijken

Pleurer

huilen

Caresser

strelen

Peigner

kammen

Parler

praten

Comprendre

begrijpen

Demander

vragen

Écouter

horen

Boire

drinken

Manger

eten

Ranger

opruimen

Aimer

houden van

Cuire

koken

Conduire

rijden

Voler

vliegen

Faire de la voile

zeilen

Calculer

rekenen

Lire

lezen

Apprendre

leren

Travailler

werken

Marier

trouwen

Coudre

naaien

Nettoyer les dents

tandenpoetsen

Tuer

doden

Fumer

roken

Envoyer

verzenden

Grande-mère
e grootmoeder

Grand-père
de grootvader

Père
de vader

Mère
de moeder

Bébé
de baby

Fille
de dochter

Fils
de zoon

Hôte

de gast

Tante

de tante

Oncle

de oom

Frère

de broer

Sœur

de zus

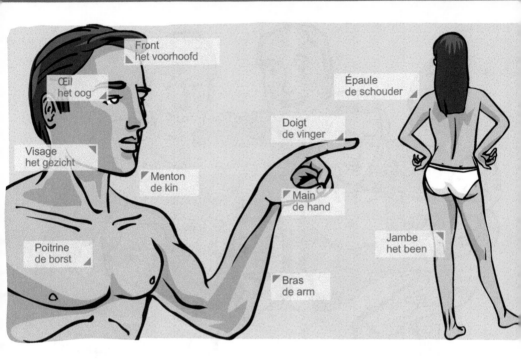

Front
het voorhoofd

Œil
het oog

Visage
het gezicht

Menton
de kin

Poitrine
de borst

Épaule
de schouder

Doigt
de vinger

Main
de hand

Jambe
het been

Bras
de arm

Bébé

de baby

Homme

de man

Femme

de vrouw

Jeune-fille

het meisje

Garçon

de jongen

Tête

het hoofd

Dos	Ventre	Nombril
de rug	de buik	de navel
Orteil	Talon	L'os
de teen	de hiel	het bot
Hanche	Genou	Coude
de heup	de knie	de elleboog
Nez	Fesses	Peau
de neus	het achterwerk	de huid
Joue	Oreille	Lèvre
de wang	het oor	de lippen

Bouche

de mond

Dent

de tand

Langue

de tong

Cerveau

de hersenen

Cœur

het hart

Muscle

de spier

Poumons

de long

Foie

de lever

Estomac

de maag

Reins

de nieren

Rapport sexuel

de geslachtsgemeenschap

Préservatif

het condoom

Ovule

de eicel

Sperme

het sperma

Grossesse

de zwangerschap

Menstruation

de menstruatie

Vagin

de vagina

Pénis

de penis

Sourcil

de wenkbrauw

Cheveux

het haar

Cou

de hals

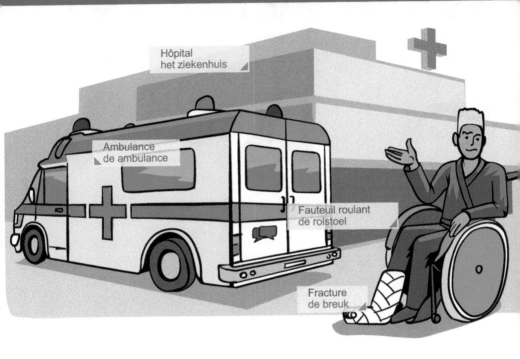

Hôpital
het ziekenhuis

Ambulance
de ambulance

Fauteuil roulant
de rolstoel

Fracture
de breuk

Médecin

de dokter

Service des urgences

de EHBO

Infirmière

de verpleegster

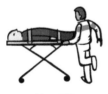

Urgence

het noodgeval

inconscient

bewusteloos

Douleur

de pijn

Blessure

de verwonding

L'hémorragie

de bloeding

Infarctus du myocarde

de hartaanval

Attaque cérébrale

de beroerte

Allergie

de allergie

Toux

hoesten

Fièvre

de koorts

Grippe

de griep

Diarrhée

de diarree

Maux de tête

de hoofdpijn

Cancer

de kanker

Diabète

de diabetes

Chirurgien

de chirurg

Scalpel

het scalpel

Intervention chirurgicale

de operatie

CT

de CT

Radiographie

de röntgen

Ultrason

de echografie

Masque

het gezichtsmasker

Maladie

de ziekte

Salle d'attente

de wachtkamer

Béquille

de kruk

Sparadraps

de pleister

Pansement

het verband

Injection

de injectie

Stéthoscope

de stethoscoop

Brancard

de brancard

Thermomètre

de thermometer

Accouchement

de geboorte

Surcharge pondérale

het overgewicht

Audioprothèse

het gehoorapparaat

Désinfectant

het ontsmettingsmiddel

Infection

de infectie

Virus

het virus

HIV/SIDA

(de) HIV / AIDS

Médicament

het medicijn

Vaccination

de inenting

Comprimés

de tabletten

Pilule

de pil

Appel d'urgence

het alarmnummer

Appareil de mesure de la
tension artérielle

de bloeddrukmeter

Malade/sain

ziek / gezond

Au secours !

Help!

Alarme

het alarm

Assaut

de overval

Attaque

de aanval

Danger

het gevaar

Sortie de secours

de nooduitgang

Il y a le feu !

Brand!

Extincteur

de brandblusser

Accident

het ongeluk

Trousse de premier secours

de EHBO-koffer

SOS

SOS

Police

de politie

Europe

Europa

Amérique du Nord

Noord-Amerika

Amérique du Sud

Zuid-Amerika

Afrique

Afrika

Asie

Azië

Australie

Australië

L'Océan atlantique

de Atlantische Oceaan

Océan pacifique

de Stille Oceaan

Océan indien

de Indische Oceaan

Océan antarctique

de Zuidelijke Oceaan

Océan arctique

de Noordelijke IJszee

Pôle nord

de Noordpool

Pôle sud

de Zuidpool

Antarctique

Antarctica

Terre

de aarde

Pays

het land

Mer

de zee

Ile

het eiland

Nation

de natie

État

de staat

Cadran

de wijzerplaat

Aiguille des heures

de uurwijzer

Aiguille des minutes

de minutenwijzer

Aiguille des secondes

de secondewijzer

Quelle heure est-il ?

Hoe laat is het?

Jour

de dag

Temps

de tijd

Maintenant

nu

Horloge numérique

het digitaal horloge

Minute

de minuut

Heure

het uur

Semaine
de week

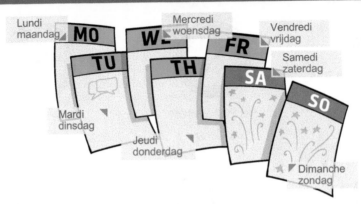

Lundi
maandag MO

Mardi
dinsdag TU

Mercredi
woensdag WE

Jeudi
donderdag TH

Vendredi
vrijdag FR

Samedi
zaterdag SA

Dimanche
zondag SO

Hier

gisteren

Aujourd'hui

vandaag

Demain

morgen

Matin

de ochtend

Midi

de middag

Soir

de avond

MO	TU	WE	TH	FR	SA	SU
1	2	3	4	5	6	7
8	9	10	11	12	13	14
15	16	17	18	19	20	21
22	23	24	25	26	27	28
29	30	31	1	2	3	4

Jours ouvrables

de werkdagen

MO	TU	WE	TH	FR	SA	SU
1	2	3	4	5	6	7
8	9	10	11	12	13	14
15	16	17	18	19	20	21
22	23	24	25	26	27	28
29	30	31	1	2	3	4

Week-end

het weekend

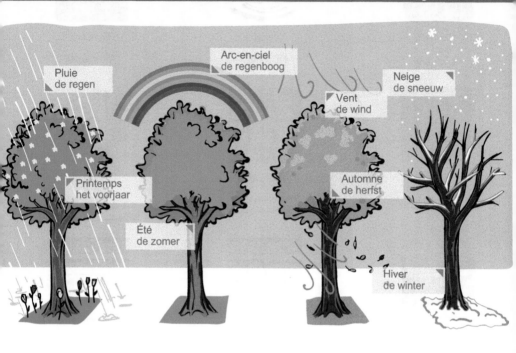

Pluie
de regen

Arc-en-ciel
de regenboog

Neige
de sneeuw

Vent
de wind

Printemps
het voorjaar

Automne
de herfst

Été
de zomer

Hiver
de winter

Prévisions météorologiques
....
het weerbericht

Thermomètre
....
de thermometer

Lumière du soleil
....
de zonneschijn

Nuage
....
de wolk

Brouillard
....
de mist

Humidité de l'air
....
de luchtvochtigheid

Foudre

de bliksem

Tonnerre

de donder

Tempête

de storm

Grêle

de hagel

Mousson

de moesson

Inondation

de overstroming

Glace

het ijs

Janvier

januari

Février

februari

Mars

maart

Avril

april

Mai

mei

Juin

juni

Juillet

juli

Août

augustus

Septembre

september

Octobre

oktober

Novembre

november

Décembre

december

Formes

de vormen

Cercle

de cirkel

Carré

het vierkant

Rectangle

de rechthoek

Triangle

de driehoek

Sphère

de bol

Cube

de dobbelsteen

Couleurs
de kleuren

Blanc
....
wit

Jaune
....
geel

Orange
....
oranje

Rose
....
roze

Rouge
....
rood

Pourpre
....
paars

Bleu
....
blauw

Vert
....
groen

Brun
....
bruin

Gris
....
grijs

Noir
....
zwart

Beaucoup/peu

veel / weinig

Fâché/serein

boos / vredig

Joli/laide

mooi / lelijk

début/fin

begin / einde

Grand/petit

groot / klein

Clair/obscure

licht / donker

frère/la sœur

broer / zus

Propre/sale

schoon / vies

Complet/incomplet

volledig / onvolledig

jour/nuit

dag/ nacht

Mort/vivant

dood / levend

Large/étroit

breed / smal

Comestible/incomestible
....
eetbaar / oneetbaar

Méchant/gentil
....
gemeen / aardig

Excité/ennuyé
....
opgewonden / verveeld

Gros/mince
....
dik / dun

D'abord/à la fin
....
eerste / laatste

Ami/ennemi
....
vriend / vijand

Plein/vide
....
vol / leeg

Dur/souple
....
hard / zacht

Lourd/léger
....
zwaar / licht

Faim/soif
....
honger / dorst

Malade/sain
....
ziek / gezond

Illégal/légal
....
illegaal / legaal

Intelligent/stupide
....
intelligent / dom

Gauche/droite
....
links / rechts

Proche/loin
....
dichtbij / ver

Antonymes - de tegenstellingen

Nouveau/usé

nieuw / gebruikt

Rien/quelque chose

niets / iets

Vieux/jeune

oud / jong

Marche/arrêt

aan / uit

Ouvert/fermé

open / gesloten

Faible/fort

zacht / luid

Riche/pauvre

rijk / arm

Correct/incorrect

goed / fout

Rugueux/lisse

ruw / glad

Triste/heureux

verdrietig / gelukkig

Court/long

kort / lang

nt/rapide

langzaam / snel

Mouillé/sec

nat / droog

Chaud/froid

warm / koel

Guerre/paix

oorlog / vrede

Chiffres
de getallen

0

Zéro
nul

1

Un/une
één

2

Deux
twee

3

Trois
drie

4

Quatre
vier

5

Cinq
vijf

6

Six
zes

7

Sept
zeven

8

Huit
acht

9

Neuf
negen

10

Dix
tien

11

Onze
elf

12
Douze
....
twaalf

13
Treize
....
dertien

14
Quatorze
....
veertien

15
Quinze
....
vijftien

16
Seize
....
zestien

17
Dix-sept
....
zeventien

18
Dix-huit
....
achttien

19
Dix-neuf
....
negentien

20
Vingt
....
twintig

100
Cent
....
honderd

1.000
Mille
....
duizend

1.000.000
Million
....
miljoen

Anglais

Engels

Anglais américain

Amerikaans Engels

Chinois mandarin

Chinees Mandarijn

Hindi

Hindi

Espagnol

Spaans

Français

Frans

Arabe

Arabisch

Russe

Russisch

Portugais

Portugees

Bengali

Bengalees

Allemand

Duits

Japonais

Japans

Je/moi

ik

Tu/toi

jij

Il/elle

hij / zij / het

Nous

wij

Vous

jullie

Ils/elles

zij

Qui ?

wie?

Quoi ?

wat?

Comment ?

hoe?

Où ?

waar?

Quand ?

wanneer?

Nom

de naam

Derrière

achter

Dans

in

Devant

voor

Au-dessus

boven

Sur

op

En-dessous

onder

À côté de

naast

Entre

tussen

Lieu

plaats